LICENCIADA GABRIELA GURFINKEL GENNI

Os invito a descubrir la identidad del inmigrante, los cambios psicológicos de este fenómeno. Porque solamente con una mirada interior, uno puede hacer un aporte integrador.

Compartiendo una huella, trata de una vivencia, del sentimiento común, único que experimenta todo viajante. Aquel que busca una estancia en la que pueda guardar su maleta y ser uno más del lugar.

Ni de aquí, ni de allí, la frase de la nostalgia. Comprender esta frase es la puerta del corazón de un extranjero.

LICENCIADA GABRIELA GURFINKEL GENNI

COMPARTIENDO UNA HUELLA

LICENCIADA GABRIELA GÜRFINKEL GENNI

MMXV

Basado en la investigación psicológica social C.E.P.E.M
(Cambios Emocionales por Efecto Migratorio)

INDICE

. Presentación   11

. Introducción   13

PRIMERA PARTE

. Capítulo 1: Llegada a destino   15

. Capítulo 2: Síndrome de Ulises   23

. Capítulo 3: Estancia   29

. Capítulo 4: Ni de aquí, ni de allí   35

SEGUNDA PARTE

. Capítulo 5: La investigación empírica CEPEM   41

. Capítulo 6: Los abordajes psicológicos   55

. Capítulo 7: Conclusión   67

. Agradecimientos   73

LICENCIADA GABRIELA GURFINKEL GENNI

PREFACIO

Este libro está dedicado a todos aquellos que han dejado sus raíces y han emigrado, lejos o cerca de su patria. Quienes han tenido el valor de atreverse a cambiar sus tradiciones y costumbres para adaptarse a una nueva realidad cultural. Y que a pesar de ser ahora uno más del lugar, te sientes en lo más hondo, un extraño.

A ti, que te sientes "ni de aquí, ni de allí".

Dedicado a mi compañero del alma Alejandro, a mis hijos Angie y Matías.

A las valientes Marta, Susy, Chela, Eugenia y Majo. Con especial cariño en bendita memoria de mis ancestros.

LICENCIADA GABRIELA GURFINKEL GENNI

PRESENTACION

Ser inmigrante es aquel que ha dejado no solo un país o lugar de residencia habitual, sino que además ha dejado allí, una parte de sí mismo. Lo que identifica a todo inmigrante, es el cambio de vida interior a partir de la llegada a una nueva cultura. Busca encontrar el lazo de su propia historia de vida, su raíz, su identidad. La persona inmigrante es una identidad, que requiere un análisis psicológico desde un recorrido interior.

A saber, es importante conocer el proceso que lleva a una persona a realizar este emprendimiento de cambio cultural. Es preciso partir no de los motivos externos o circunstanciales, sino de la fortaleza mental y la capacidad del ser humano de volverse intercultural.

Este trabajo se basa en la investigación internacional psicológica Cambios Emocionales por Efecto Migratorio del 2007, en colaboración con la consultora S.P. Bs As. Es un análisis de historias reales de emigrantes localizados en todo el mundo, quienes relataron un momento de su vida, intenso y de gran impacto emocional. Quienes desearon no solo participar en el cuestionario, sino además encontrar respuestas de ese cohorte vital.

Este libro consiste en comprender los cambios emocionales por los que atraviesa un inmigrante, describiendo las fases, los momentos más críticos y crear nuevas perspectivas de entendimiento y abordaje.

Conocer la identidad del fenómeno "inmigrante", es poder ayudarle a enlazar su historia, lo que era, lo que busca y lo que aún puede lograr. Comprendiendo el vacío temporal y reconstruyendo su identidad como un verdadero continuo vital.

INTRODUCCION

El acto de viajar lleva implícito un desafío. Desde el primer instante en que uno transforma la idea en realidad, la mente va creando estrategias para la adaptación.

Este proceso mental requiere una dosis de tensión, un estrés necesario para anticiparse a situaciones que probablemente podrían suceder. Por ejemplo los objetos que no debería colocar en el equipaje, en caso de lluvia, frío, calor, hasta aquellas cosas innecesarias pero que son propias y de gran valor emocional.

Las causas del viajar determinan el nivel de estrés que cada persona padecerá pero la capacidad de tolerancia del impacto dependerá sobre todo de sus propios límites.

La mente se prepara para anticiparse a situaciones hipotéticas en que uno imagina que surgirán en el futuro.

La idea del tiempo ayuda a organizar y prever los objetos que servirán para estar seguro, confiado, eficaz en otro sitio.

Ahora bien, en el proceso migratorio, sobre el cual se basa este libro, es diferente a un viaje turístico, la persona procesa los datos del entorno y reacciona con un nivel mayor de tensión y este funcionamiento perdura por más tiempo. Por este motivo, descubrir los cambios psicológicos por efecto migratorio, significa comprender el desafío que aceptaron asumir en este exilio.

El punto de partida será develar cómo se reacciona cuando al llegar a destino, las hipótesis a priori no se ajustan a la realidad. Se produce una metamorfosis entre la idea imaginaria y la situación en que se encuentra. Todo se vuelve impredecible, la ansiedad hace creer que el tiempo se acelera vertiginosamente. Seguir o no volver, lo que motiva esta decisión, estará determinado en gran parte por la capacidad interior de supervivencia y la fortaleza mental para resolver situaciones inesperadas.

Cuando se aprende a aceptar que nada es "obvio", ni "normal" lejos de tu tierra, ahí comienza la aventura del inmigrante, darse cuenta lo que significa *el exilio*.

PRIMERA PARTE

CAPITULO PRIMERO

LA LLEGADA A DESTINO

LICENCIADA GABRIELA GURFINKEL GENNI

LA LLEGADA A DESTINO

Es el antes y el después de toda una vida, un inicio de algo aún desconocido y que sin saber hasta qué punto la vida nos puede cambiar radicalmente. Tantos preparativos, tantas dudas y despedidas, un manojo de emociones se entrecruzan al llegar a otra tierra. La adrenalina se eleva y todo resulta emocionante, raro, bello y sobre todo, extraño, ajeno. Es el momento de descubrir el entorno con ojos de niño curioso, como verdaderos exploradores. Este momento se hace inolvidable, único e irrepetible en la vida. Pero sobre todo inolvidable. Aún no sabemos lo que nos depara si el triunfo o el pánico, pero sin duda la aventura ha comenzado. Es el primer impacto emocional y sensorial de la travesía. A partir de ese instante es cuando se pasa de la ilusión, imaginación a la realidad tangible. Todos los sentidos se centran en querer asimilar lo nuevo. La mente realiza su primer ejercicio de selección, incorporando todo lo agradable.

Es un proceso necesario para el reconocimiento del lugar y poder orientarnos en el tiempo y espacio. Todo sucede a una velocidad tan vertiginosa que la información que nos rodea se asemeja a una cámara fotográfica que no deja de disparar.

La vista y el olfato son los principales protagonistas de este momento mágico. La mente se agudiza, la memoria se estimula en todas sus variantes. El cerebro realiza unos mecanismos que evitan sobrecargarse, y apela a los recursos de la condensación de información visual y auditiva, asociación y selección de datos.

En esta etapa primeriza, la información que va a ser retenida con claridad es aquella que se asemeje a lo conocido, vivenciado anteriormente, pero con la peculiaridad de incorporar detalles nuevos. El proceso que lo define es la *asimilación*. Cuando la información es placentera, ya sea por estética, color, variedad, formas o estilos, el paso siguiente será procesar y elaborar la vivencia, y este proceso se denomina *acomodación*. Estos procesos mentales no son inmediatos, varían mucho si la persona está acompañada o sola. La expresión verbal de estas emociones relacionadas al entorno ayuda a ir elaborando estos acontecimientos. Algunos viven esta situación con mayor intensidad que otros, pero aun así todos pasan por esta etapa de ilusión-situación real. Como resultado de esta primera fase, la protagonista es la comparación constante, reflexiva y rápida entre la cultura natural y la nueva. Destacando sobre todo aspectos dicotómicos entre lo positivo y negativo de ambas.
Poder encontrar aspectos positivos en esta travesía ayuda a la *adaptación*.

El siguiente proceso mental que el cerebro elabora, adaptarse a lo nuevo. Por el contrario la falta de ideas y sentimientos positivos impide que el nivel de tolerancia aumente y la incertidumbre bloquea toda la capacidad de supervivencia. (1)

Aún no somos parte del lugar, es un reconocimiento de lo nuevo y conservamos nuestro propio estilo cultural sin intención de modificarlo. En aquellos en que se hable una lengua diferente, al comienzo lo hace como cree expresarlo, pero poco a poco, día a día cambiará no solo su habla sino además la manera de interpretarlo. La comunicación verbal y gestual se modifica a gran escala, el aprendizaje se produce a ritmo veloz pero no es consciente de esta nueva manera de aprehender e interpretar la realidad. Lo que percibe es que modifica su estilo y es más consciente de su cambio lingüístico al dialogar con su gente. La velocidad del diálogo se aminora debido a la dificultad de encontrar vocablos idénticos al nuevo sitio. Se piensa más el modo de decir las ideas para que el receptor local pueda interpretar el mensaje adecuadamente. Se agudiza más cuando el idioma es otro, la velocidad de la conversación disminuye, muchas veces para poder comprender cuando el otro hable. Estos procesos no suceden cuando uno viaja de turismo. Hay una característica diferencial y crucial entre una persona que emigró y un turista. Y es "el modo de vivir la experiencia". Como turista, la vivencia el momento como pasajero y novedoso, ergo, la mente selecciona aspectos que el parecen relevantes para conocer y disfrutar del momento. Su estima, su estilo, modismo, no se modifican porque no necesita adaptarse al medio cultural, es ajeno y aprende desde ese lugar. La meta no es ser parte del lugar sino observar lo que el entorno puede aportarle como peculiar, y ese recuerdo llevárselo luego en su interior cuando regrese a su tierra. En cambio el inmigrante, busca su sitio, desde su vivienda, su gente, un empleo, intentando aprender rápidamente los códigos para no ser un extraño, sino parte de algo. Que aún no sabe cómo funciona pero quiere ser parte de ese contexto nuevo. Es importante explicar que el inmigrante sufre, porque se enfrenta a desafíos constantes que atentan contra su sistema de creencias, valores, percepciones, costumbres e incluso su modo de comunicarse. Establecer una comunicación fluida nos lleva tiempo, aprender los códigos, los clichés, es un trabajo emocional e intelectual intenso. Pero sentirse comprendido es la base del equilibrio de la autoestima, por lo tanto esta variable "saber comunicarnos" es un punto de debilidad de cualquier extranjero que quiere asentarse en un lugar ajeno a sus costumbres.

La vivencia es un estado de tensión durante el día, que se apacigua a la noche cuando se regresa a la intimidad. El agotamiento mental es el indicador del aprendizaje comunicacional. Y es de mayor magnitud cuando no se tiene a nadie para compartir estas vivencias, la falta de elaboración de la situación vivida produce un fuerte decaimiento anímico y físico. Cuantas más situaciones se logran controlar, más rápidamente se pasa a la siguiente fase. Cada fase significa llegar a un equilibrio mayor, con mejor control, tolerancia y placer de la realidad.

La ventaja de estar acompañado, ayuda a elaborar con emotividad, haciendo que el nivel de tensión sea plausible. El compartir vivencias y percepciones generan coherencia y la mente baja el nivel de ansiedad, mejorando la sinapsis o conexión del proceso del pensar.

Formar parte de algo, es sentirse protagonista, incluirse en el ámbito, no solo físico sino además social. Y la puerta de entrada es la comunicación, no solo hablar en la misma lengua, sino además con el mismo código. La comunicación incluye decodificar signos visibles como son posturas, gestos, expresiones que mantienen viva una historia cultural. Uno busca la sintonía del lenguaje y este punto es tan crítico para cualquiera que es de otro lugar, a tal punto que poder entender y ser entendido se transforma en un desafío personal. Para el inmigrante es más complejo cuando cree que es entendido y se da cuenta en una conversación que nada es tan obvio ni esperable, hasta la entonación, abreviaturas, sinónimos o clichés pueden transformarse en un desencuentro social. Estas primeras incomprensiones y sobre todo la lentitud de respuestas, marcan el primer obstáculo de desestabilización emocional. Porque atenta contra la autoestima y se empieza a perder el control de la situación. Primer reto: sentirse comprendido. Marca un antes y un después de esta historia. Cuando esta fase no es superada, emerge un conjunto de síntomas, afección emocional que se denomina: *Síndrome de Ulises.* A continuación te cuento su historia.

---

(1) A este fenómeno se lo denomina Síndrome de Ulises, categoría psicológica desde 2004, caracterizada por aturdimiento, ansiedad, confusión y bloqueo en el pensamiento.

CAPITULO SEGUNDO

SINDROME DE ULISES

LICENCIADA GABRIELA GURFINKEL GENNI

SINDROME DE ULISES

Breve historia:

Ulises, rey de Ítaca, en griego llamado "Odiseo", por eso el poema de Homero que cuenta el viaje de Ulises, desde Troya hasta Ítaca, se llama Odisea. La guerra de Troya duró diez años y terminó gracias a que Ulises se le ocurrió la idea de engañar a los troyanos haciéndoles creer que los griegos se marchaban, dejándoles un regalo, un caballo de madera (el famoso caballo de Troya), que estaba hueco por dentro. El escondite de los griegos quienes vencen al atacar a los troyanos por la noche. Al finalizar la guerra todos los reyes y guerreros griegos volvieron a su tierra. Todos tenían ganas de regresar a sus casas. Ulises salió de Troya con sus hombres en doce barcos. El deseaba reencontrarse con su mujer Penélope y con su hijo Telémaco. Pero los dioses habían preparado a Ulises un accidentado viaje, desde Troya a Ítaca tardó diez años, una verdadera "odisea". Ulises habla de su tierra en la odisea: "Ítaca, de cara clara, isla brava… no hay nada que sea más dulce para el hombre que su patria y su familia, cuyo recuerdo lo persigue hasta en las residencias más ricas, lejos en un país extranjero. "Su patria y su familia son los valores que lo mantienen con esperanza durante toda la odisea.

El Síndrome de Ulises como categoría psicológica.

Desde el año 2004, se ha declarado el Síndrome de Ulises como una afección psicológica propia del inmigrante. Se basa en la descripción de un malestar psicofísico que afecta a la manera de pensar, sentir y situarse en la realidad. Los indicadores de padecer este síndrome son:

- ✓ Aturdimiento
- ✓ Vulnerabilidad emocional
- ✓ Ansiedad
- ✓ Depresión
- ✓ Melancolía
- ✓ Bloqueo en el pensamiento (quedarse en blanco)
- ✓ Tristeza profunda

Está considerada como una categoría dentro del estrés postraumático. Se dan en situaciones de desamparo, soledad y dificultad de integración en la nueva cultura. La base principal para sentir este síndrome es la incomprensión y la soledad.

Cuando uno padece este síndrome no puede llegar a la siguiente etapa adaptativa, la mente colapsa, y la única solución es la intervención médica en caso de no poder planificar el regreso a su tierra natal.

No todos los inmigrantes padecen este síndrome, por el contrario este libro se basa en la investigación de extranjeros que han logrado superar todos los retos para poder adaptarse exitosamente a la nueva cultura. Nada es simple para un inmigrante, pero develar aquello que se convirtió en reto, desafío personal, ayuda a comprender las virtudes humanas en situaciones desfavorables y hasta límites.

CAPITULO TERCERO

LA ESTANCIA

LA ESTANCIA

Voy a compartir contigo un poema *"Todo está en el estado mental"*, de Cristian Barnard, cualquier inmigrante se va a identificar en sus palabras.

"Todo está en el estado mental"

Si piensas que estás vencido, lo estás.
Si piensas que no te atreves, no lo harás.
Si piensas que te gustaría ganar, pero crees que no puedes, no lo lograrás.
Si piensas que perderás, ya has perdido.

Porque en el mundo encontrarás,
que el éxito comienza con la voluntad del hombre.
Está en el estado mental.

Porque muchas carreras se han perdido,
antes de haberse corrido, y muchos cobardes han fracasado,
antes de haber su trabajo empezado.

Piensa en grande y tus hechos crecerán.
Piensa en pequeño y quedarás atrás.
Piensa que puedes, y podrás.
Todo está en el estado mental.

Si piensas que estás aventajado, lo estás. Tienes que pensar bien para elevarte. Tienes que estar seguro de ti mismo, antes de intentar ganar un premio.

La batalla de la vida no siempre la gana el hombre más fuerte, o el más ligero, porque tarde o temprano, el hombre que gana, es aquél que CREE PODER HACERLO.

31

Los primeros pasos ya los hemos dado, la decisión de empezar un nuevo camino, ¿realmente es un nuevo camino? Al comienzo creemos que sí, es diferente, otra gente, otro paisaje, otras costumbres. Entonces creemos que es un nuevo camino. Pero nuestra identidad sigue ahí, haciendo huella y venimos armados mentalmente con otros recursos, otras costumbres, otras maneras de enfrentar situaciones. Y eso se hace conflictivo, muchas veces. Porque la manera de pensar no siempre es adaptable a la nueva cultura. Y así comienza esta etapa, cargada de contradicción.

La estancia no es un lugar, es un sentimiento de querer quedarse, pero no para relajarse, sino para luchar. Romper con nuestro modelo aprendido y transformarlo en un nuevo aprendizaje personal. Para cambiar nuestra manera de pensar y resolver situaciones, primero desglosamos el funcionamiento de la vida cotidiana.

Los papeles, los documentos, los trámites, largos trámites, los encuentros y desencuentros, las costumbres de hacer y de compartir momentos. Todo se vuelve a aprender. Pero el pensamiento ya no es crítico y comparativo, sino integrativa. Creando apertura, flexibilidad y dinamismo. Las respuestas y reacciones ante situaciones social, laboral y personal, se vuelven cada vez más predecibles, controlables, dominadas. Cuanto más controlamos la situación, la mente desgasta menos energía, y la ansiedad se va diluyendo. Ese sentimiento es *la estancia*, querer luchar para quedarnos como uno más. Y el esfuerzo es de un sentimiento positivo a medida que vamos ganando terreno. Creemos que hemos cambiado, que ya somos diferentes, que dejamos atrás nuestra historia pasada, y eso pasó hace mucho tiempo. La mente necesita dejar sitio para la nueva información e ir aprendiendo a crear nuevos modelos de funcionamiento. Pensar en el pasado obstaculiza, nos lleva por un laberinto que no nos deja crear. Por esta razón anulamos en parte nuestra historia. Y así nos posicionamos en este nuevo camino, con la esperanza de dejar de ser un extraño. No todos los días somos positivos, ni todos los días sentimos la aceptación social o laboral. Muchas veces el ánimo decae, nos crea agotamiento, dudas, nos faltan fuerzas.

Y son esos momentos que la historia personal, nuestra vida anterior en nuestra tierra emerge y vuelven las comparaciones, la nostalgia, los cuestionamientos. Las contradicciones. Y esto puede durar horas, a veces días, a veces se alternan días buenos y días desanimados. La estancia se hace ardua, pero hay un punto que la mente pone fin a este dilema. Y es la intención del porque estoy fuera de mi tierra. Y ese punto es el que nos mantiene en la lucha. Y no nos deja rendirnos. Cada inmigrante tendrá sus motivos, su situación particular que lo ha motivado a emigrar. Pero todos, o la gran mayoría, luchan por algo mejor, algo nuevo, diferente, que mejore algo de su ser.

En esta etapa, no hay fecha de límite, las idas y venidas de nuestros pensamientos y el contraste de las culturas van y vienen. Pero seguimos, luchando, buscando esa estancia en la que deseamos no ser extraños aquí.

CAPITULO CUARTO

"NI DE AQUÍ, NI DE ALLI"

LICENCIADA GABRIELA GURFINKEL GENNI

NI DE AQUÍ, NI DE ALLI

Ni de aquí, ni de allí. Conocemos una nueva cultura, tenemos una adaptación casi total, pero llevamos dentro otra, que a pesar que intentamos no manifestarla, emerge, se cuela en los gestos, en el habla, en reacciones, en formas espontáneas del hacer. La mente no funciona apartando, ni borrando vivencias, sino por el contrario, las enlaza, las asocia, las recrea, con una intensidad increíble y con unos matices sutiles que no somos conscientes de la creatividad mental. Solo nos damos cuenta cuando emerge la espontaneidad, y denota de dónde venimos. Este es un desafío constante para nuestra fortaleza interior. No hay una causa puntual ni momentos determinantes para echar de menos a la gente que uno quiere, nos ha educado, y convivido tantos años. Haber compartido historias, avances, retrocesos, alegrías, traspiés, estoy haciendo referencia a la familia, a las amistades y a los simples conocidos. Todos se hacen presenten en la distancia.

La falta de convivencia marca un vacío y en especial en las fechas de celebraciones. Y una nueva característica del inmigrante aflora, y es la soledad, presente en esta identidad, el sentirse lejos de casa. A pesar que la historia personal se enlaza con nuevas situaciones, gente, experiencias, extrañar a su gente cercana no es un desafío sino una manera de no perder raíces. El verdadero desafío es no caer en la desesperación del vacío de la distancia. El apoyo emocional, el estar a gusto con gente diferente a nosotros, y el estar laboralmente integrado, permite que la lucha se transforme en una apuesta positiva, y que la adaptación no sea solo exterior, sino también interior.

La frase "ni de aquí, ni de allí", corresponde a un sentimiento único que hace a la identidad del inmigrante, significa que a pesar de llevar años en una tierra nueva, seguimos enlazado con nuestra raíz, nuestro lugar de origen. Y que a pesar del esfuerzo por ser uno más, la mente creativa y dinámica como es siempre, nos aflora con la espontaneidad de nuestra vieja historia. Somos inmigrantes, asumirlo es parte saludable de la fortaleza personal, asumirlo es no ser extraño, sino que siendo de otro sitio, hemos ganado la batalla de seguir aquí.

Y que aunque muchas veces creas que la maleta está lista para ser embarcada, no te equivoques, porque la maleta está vacía y ahora tendrás que llenarla de cosas nuevas, de la nueva historia que aún estás creando. Por eso ni de aquí ni de allí, ahora tu historia son dos huellas cruzadas y maravillosamente enriquecidas de las dos culturas.

No estás solo, somos muchos los que nos identificamos en este trazo. Vive, cultívate, recréate y expándete haciendo enriquecer a otros también.

Una carta muy especial para compartirla contigo:

Después de algún tiempo aprenderás la diferencia entre dar la mano y socorrer a un alma. Y aprenderás que amar no significa apoyarse y que compañía no siempre es seguridad. Aprenderás que no tenemos que cambiar de amigos, si estamos dispuestos a aceptar que los amigos cambian. Te darás cuenta que puedes pasar buenos momentos con tu mejor amigo haciendo cualquier cosa o simplemente nada, sólo por el placer de disfrutar su compañía.

Comenzarás a aprender que no nos debemos comparar con los demás, salvo cuando queramos imitarlos para mejorar.

Aprenderás que la paciencia requiere mucha práctica. Descubrirás que algunas veces, la persona que esperas que te patee cuando te caes, tal vez sea una de las pocas que te ayuden a levantarte. Madurar tiene más que ver con lo que has aprendido de las experiencias, que con los años vividos.

Aprenderás que el tiempo no es algo que pueda volver hacia atrás, por lo tanto, debes cultivar tu propio jardín y decorar tu alma, en vez de esperar que te traigan flores.

Entonces y sólo entonces sabrás realmente lo que puedes soportar, que eres fuerte y que podrás ir mucho más lejos de lo que pensabas cuando creías que no se podía más.

¡Es que realmente la vida vale cuando tienes el valor de enfrentarla!

De William Shakespeare para un amigo.

SEGUNDA PARTE

CAPITULO QUINTO

INVESTIGACION EMPIRICA C.E.P.E.M

(Cambios emocionales por efecto migratorio)

LICENCIADA GABRIELA GURFINKEL GENNI

INVESTIGACION EMPIRICA C.E.P.E.M

Cambios emocionales por efecto migratorio, programa de investigación psicológica social creado en España-Buenos Aires en el año 2007, un equipo formado por psicólogos y la consultora GESA S.A. El objetivo del programa es conocer los cambios que se producen a nivel emocional al radicarse a una nueva cultura. Basado en un cuestionario semi-estructurado que permite al inmigrante temporal o permanente describir lo más objetivo posible sus vivencias de integración cultural. Se lo invita a memorizar desde su llegada, su estancia y sus conclusiones personales de su experiencia emigratoria. El perfil de los encuestados son mayores de 21 años y que hayan vivido una experiencia migratoria de al menos 1 años fuera de su tierra natal. Las personas que han participado pertenecen a: Argentina, Chile, Uruguay, Paraguay, Cuba, Ecuador, Brasil, México, Estados Unidos, Canadá, Italia, Suiza, Portugal y España.

A partir de toda la información recogida durante un período de dos años de investigación, se desarrolla un patrón común, formando la *identidad del inmigrante*. De esa investigación surge el título del libro, Compartiendo una huella.

Comenzamos este capítulo por definir el constructo *migración (2)*, como un desplazamiento geográfico de personas por causa económica o social. Emigrar es trasladarse de su propio país para instalarse en otro, ya sea de tiempo temporal o permanente.

El que emigra atraviesa fases y procesos psicológicos de gran intensidad emocional. Cada fase corresponde a las diferentes etapas de elaboración interior hasta llegar a la nueva identidad de inmigrante. *Identidad* porque identifica a todas las personas que han vivenciado esta experiencia como un factor en común y se los engloba en un sentimiento compartido. Este sentimiento no es añoranza, sino el espíritu de fortaleza para atravesar los límites de su propia cultura. Sobre todo enriquecerse de haberse transformado en personas inter-culturales.

La *identidad del inmigrante* es una representación interna común a todos los inmigrantes, que incide en la conciencia del sujeto, creando una experiencia interior de gran intensidad. Es un efecto emocional por causa migratoria que no produce ninguna patología o trastorno en la conservación de la personalidad ni en la unidad del yo. Sin embargo estas nuevas vivencias han modificado la capacidad de aprender, relacionarse y sentir la realidad.

---

(2) Latín migrare, definiciones según Diccionario de la Real Academia Española. 2006.

La identidad del inmigrante consta de la superación de cuatro fases, progresivas ascendentes:

FASE 1: Manejo de la incertidumbre.
(Llegada a destino)

FASE 2: Proceso de adaptación cultural.
(La estancia)

FASE 3: Cambios en la percepción de la identidad.
(Ni de aquí, ni de allí)

FASE 4: Consolidación de la Identidad.

Una de las preguntas de esta investigación es sobre el momento en que la persona vivencia esa discontinuidad de su cohorte vital. Ergo se produce la "identidad del inmigrante". Para llegar al centro causal del fenómeno hay que contemplar todo el desarrollo psicológico que se despliega.

La primera fase se compone en la sostenibilidad de la búsqueda de la ilusión por la que se partió de la tierra natal. Ese trayecto inicial se carga de expectativas que no coinciden con la realidad. La incertidumbre de la primera fase de incorporación es ardua, lenta y requiere mucha fortaleza interior. Especialmente la autoestima se sobrealza y crea una coraza de supervivencia. A medida que esa coraza va disminuyendo y la ilusión se va transformando en realidad, se va pasando de modo natural adaptativo a la aceptación de la situación. Que es darse cuenta lo que se ha dejado atrás. En valores positivos y negativos.

Superar la frustración, la ilusión y aceptar la nueva realidad, dependerá de su propia confianza interior y así poder pasar a otro nivel adaptativo mayor.

FASE 1: MANEJO DE LA INCERTIDUMBRE

Se caracteriza por la superación de los siguientes indicadores:

- Confusión
- Desorientación parcial
- Trastornos afectivos alternos: fobias, ansiedad, depresión, vulnerabilidad.
- Aceleración mental con agotamiento físico, astenia en general nocturna.
- Inseguridad personal, tendencia a buscar al grupo de pertenencia
- Angustia flotante
- Lentitud en la expresividad.
- Dificultad de explicar los sentimientos.

No te quedes aquí, estancado, pide ayuda, busca la manera de salir, de pasar a la fase 2.

La segunda fase, es la adaptación cultural. Aprender a cambiar modelos de participación y de resolución en un nuevo entorno. La apertura, flexibilidad y acondicionamiento mental, juegan un papel crucial a la hora de afrontar esta fase.

FASE 2: ADAPTACION CULTURAL

- Adaptabilidad social
- Racionalización emocional
- Decaimiento inmunológico abrupto
- Agudización de la memoria

La fortaleza interior se va consolidando y la persona va buscando cada vez más recursos sociales y de apoyo afectivo. Creando lazos de amistad intensos que ayudan a ir menguando los fenómenos propios de esta fase. Las contradicciones y los cambios anímicos son frecuentes, pero se van superando a medida que la participación se hace más activa.

FASE 3: CAMBIOS EN LA PERCEPCIÓN DE LA IDENTIDAD

Es un cambio psicológico de la vivencia del propio yo. La descripción fenomenológica de psiquiatría corresponde a Mellor de 1988. Lo define como un fenómeno subjetivo de la experiencia de uno mismo y del entorno. Con preservación de la autocrítica, del pensamiento lógico y racional. La manifestación más frecuente es el sentimiento de estar alejado de si mismo, de modo inespecífico. Es un sujeto observador, en un estado inquietante, insólito, de vacío interior. En el cual la persona no atraviesa ningún proceso de duelo o melancolía. Conservando las facultades del pensar de modo natural y coherente. No hay desdoblamiento ni escisión de la personalidad.

Presenta una alteración en la continuidad de su historia vital progresiva. La vivencia del tiempo se distorsiona, sobrecargando la memoria retrógrada que invade la percepción temporal produciendo una sensación subjetiva de no pertenecer a ningún sitio. La identidad se auto describe como "ni de aquí, ni de allí". Manifestando su dificultad de encontrar palabras afectivas de su estado interior (trastorno de alexitimia).

En esta fase es común encontrarse con estos indicadores:

- Integración socio-laboral exitosa
- Alexitimia inicial parcial
- Falso enlace en la historia vital
- Nostalgia selectiva

Somos de otro sitio pero vivimos inmersos en esta realidad.

A pesar del esfuerzo por integrarnos, aprender códigos, costumbres y expresiones nuevas, emerge nuestra cultura interior. Ese nivel de conciencia de ser extranjero, no es negativa ni pasa a ser un dilema. Siempre y cuando la persona haya conseguido superar la fase 1 y la fase 2. Es decir integrarse no solo externamente sino interiormente. El apoyo social es fundamental para superar la añoranza de no estar cerca de la familia, amigos lejanos y contexto natural.

FASE 4: CONSOLIDACION DE LA IDENTIDAD

La fase 4 se va gestionando hacia un nuevo cambio interior, y es la consolidación de la identidad del inmigrante. Cuando todo las vivencias se elaboran como un aprendizaje personal enriquecedor, en el que el pasado no se puede modificar, ni alterar, ni manipular a nuestra necesidad, sino que se acepta lo vivido, lo aprendido y nos crea una esperanza interior de haber crecido emocionalmente y socialmente. Desde esta reflexión interna, se puede consolidar la historia vital sin cohorte.

Es el momento en que los inmigrantes, expresan que han logrado enlazar las dos culturas desde un aprendizaje positivo, enriquecedor tanto para sí mismo como para las personas que lo rodean.

Superar esta etapa es ir más allá de su ilusión inicial, y haberse dejado moldear por la virtud natural que posee el ser humano que es la creatividad mental en la capacidad adaptativa.

Ser consciente de quienes somos, la historia como un trazo que no puede desligarse de nosotros mismos, de nuestros aprendizajes, de nuestros valores, es ir subrayando y continuar nuestro trazo.

Esta etapa cuando se llega y se supera, la persona puede expresarlo: "Soy inmigrante, pero soy de aquí y de allí". Esto significa que se aprendió a integrar las dos culturas y a eso se le conoce como un ser INTERCULTURAL.

La investigación sorprendentemente destacó la fuerza interior de cada encuestado, incluidos aquellos que han dado la vuelta y regresaron, todos absolutamente todos, estimaron el gran valor de la experiencia, rica en aprendizaje y sobretodo en querer contar como lograron ese desafío, la integración interior y exterior.

Integración Interior: la mente fuerte logra superar cualquier obstáculo, conocerse uno mismo, darse a conocer y valorarse en todo momento. Poder encontrar los recursos personales para que la incertidumbre, la ansiedad y la angustia se puedan afrontar sin consecuencias de heridas. Luchar, ese es el lema de todo extranjero que desea instalarse y participar. Aprender a cambiar sin renunciar a nuestra esencia, a nuestra historia y riqueza cultural.

Integración exterior: es afrontar nuevos retos, conocer los códigos es fundamental. No dejarse abatir, aunque los tiempos reales son muy lentos a los tiempos personales. Perseverar, luchar buscando un sitio en que podamos darnos a conocer. Escuchar y aprender que la intolerancia a veces es desconocimiento del otro. Buscar ayuda, apoyo, sentirse valorado en la medida que nos abrimos a la nueva sociedad. Seguir las reglas y para ello habrá que aprenderlas, a veces de modo amable y otros con enfados. Pero levantarnos cada día con optimismo y tenacidad.

La identidad del inmigrante es la lucha por seguir haciendo nuestro camino, dejando la huella de que la fortaleza mental y la perseverancia por el bienestar son posibles. Y este sentimiento no es de una cultura o de un tiempo determinado, es un fenómeno Universal.

LICENCIADA GABRIELA GURFINKEL GENNI

CAPITULO 6

LOS ABORDAJES PSICOLOGICOS

LOS ABORDAJES PSICOLOGICOS

Para realizar un abordaje legítimo de los fenómenos psicológicos y psicopatológicos, es necesario contextualizar las teorías y sus intervenciones terapéuticas a los acontecimientos de la época.

Teoría Psicoanalítica:

En 1914, estalla la guerra mundial y los fenómenos psicopatológicos emergentes derivan de este episodio de la historia, traumas vinculados a la muerte, desarraigo y sobre todo a la constante pérdida afectiva y geográfica. En este marco Sigmund Freud científico investigador, formula la teoría del fenómeno psicológico "Duelo y Melancolía" (3). El duelo es la reacción frente a la pérdida de una persona amada o de una abstracción que haga, por ejemplo de la patria, o de la libertad. Produciendo desviaciones de la conducta normal en la vida. No es patológico porque después de un tiempo se supera. Se caracteriza por desinterés del mundo exterior, inhibición de toda la productividad y pérdida de la capacidad de amar. El examen de realidad muestra que el objeto amado ya no existe, entonces debe quitar energía o libido de sus enlaces con ese objeto. Eso lleva a un gasto de tiempo y de energía. Mientras que la existencia del objeto perdido continúa en el recuerdo.

(3) Sigmund Freud. Ob. Completas. Duelo y Melancolía 1914.

La libido relacionada con el objeto son cerrados, desligamos, de este modo se conserva el desasimiento de la libido. Una vez consumada la investidura al objeto, el Yo se vuelve libre, quedando el objeto perdido como un recuerdo interior positivo. Mientras que en la melancolía es un duelo patológico, en el cual el Yo pierde la capacidad de investir a otros objetos. Se produce una identificación narcisista que anula a la identidad del Yo. La frase lo resume en "la sombra del objeto recae sobre el Yo".

Existen cinco etapas progresivas del duelo:

1. Aceptación de la pérdida

2. Pérdida de interés por el mundo exterior

3. Identificación con aspectos parciales del objeto amado

4. Desligar al objeto amado y conservar solo su recuerdo positivo

5. Sustituir al objeto perdido creando capacidad de recuperación

Este abordaje es pertinente para situaciones límites, donde la vida del sujeto atraviesa un peligro vital, como son los casos de refugiados o situaciones de vivencia traumática. Pero en esta investigación sobre la identidad del inmigrante y los efectos psicológicos de la migración, solo hay manifestación de la soledad, presente en un momento vital del inmigrante. Es una variable protagónica en el discurso del extranjero. Que se va apaciguando con la integración social y laboral exitosa. En los casos de no conseguir este objetivo, el regreso a la tierra natal ha sido la solución saludable y sin consecuencias patógenas mentales. No hay evidencia fenomenológica de una situación de duelo ni un estado de patología de melancolía o incluso de patología narcisista.

Teoría del Narcisismo, Postfreudiano:

Heinz Kohut, fue médico neurólogo en su tierra natal, Viena, en el que se dedicó a la investigación. Al inicio de la segunda guerra mundial emigra a Chicago donde vivió hasta el año 1981. En 1959 postula una nueva teoría, la teoría del Narcisismo, creando un nuevo campo de abordaje psicoanalítico: Psicología del Self o del sí mismo. El self es la representación del sí mismo (identidad), que se construye por la internalización de cierto tipo de objetos con los que el individuo establece una relación afectiva narcisista. El self se forma por la identificación con objetos arcaicos, primeras personas que cubren las necesidades básicas, los padres. Hasta constituirse en el núcleo de nuestra personalidad. Estos pueden constituirse de dos tipos: 1. Objeto del self grandioso, quien proporciona ambiciones y metas. 2. Imago parental idealizada, internalización de los ideales del self.

Entre ambos polos se establece un arco de tensión que determina que las acciones de una persona se ven impulsadas por sus ambiciones y guiadas por sus ideales. Hay una diferencia entre la relación de objeto y la relación del sí mismo. La primera inviste objetos externos y se relaciona con ellos respetando las individualidades. Mientras que la segunda, la libido del sí mismo, se dirige a los objetos como una extensión del self, proyecta parte de su personalidad en los demás. La libido narcisista no solo se vuelca hacia representaciones internas, sino a su vez envuelve los objetos externos identificados con sí mismo. El abordaje terapéutico consiste en un trabajo de empatía y transferencial, en una búsqueda del equilibrio en el arco de tensión entre el self grandioso y la imago parental idealizada. La afección se caracteriza por un sentimiento de vacío existencial, insatisfacción con sus logros y aislamiento social. El self se encuentra vulnerable y lábil ante situaciones adaptativas (4).

Si bien este abordaje se acerca a la fenomenología de la identidad del inmigrante, no abarca todo el espectro de los cambios psicológicos por efecto migratorio. El inmigrante no padece un cambio en su estructura del sí mismo, su unidad se mantiene coherente y lógica. El pensamiento se sobre enviste y la adaptación es adecuada a la realidad.

---

(4) Heinz Kohut, los trastornos del self y su tratamiento, 1979. El psicoanálisis después de Freud, N. Bleichmar. Eleia Ed.

ABORDAJE DESDE LAS CIENCIAS DE LA SALUD: PSIQUIATRIA Y PSICOLOGIA

Se ha establecido una categoría específica sobre trastornos propios del inmigrante: "Síndrome de Ulises", desde el año 2004. Las nuevas investigaciones derivan de los cambios climáticos producidos en esta última década y sus consecuencias catastróficas a nivel demográfico y psicológico. En consecuencia el abordaje de intervención tiene como mira el estrés postraumático y el trastorno de ansiedad. Con un período de inicio, desarrollo y proceso específico de las categorías diagnósticas.

El trastorno de cambio emocional por efecto migratorio se halla en el apartado del GAF, que es la evaluación global del sujeto. La inmigración es un fenómeno que no es exclusivo de catástrofes climatológicas ni de refugiados. Se los aborda bajo el síndrome de Ulises, manifestado por una alteración en la percepción y relación con el mundo exterior. Los síntomas derivan de un estado de desorganización interna temporal, causada por un nivel de estrés excesivo para el aparato psíquico. El sujeto reacciona con síntomas de vulnerabilidad emocional y somática. Las principales causas se reducen a huracanes, naufragios, cambios de vida radical a condiciones inferiores.

Actualmente la intervención es de modo genérico como un trastorno adaptativo y las terapias ayudan a que el sujeto incorpore su nueva cosmovisión sin indagar en el cohorte **(5)** de su historia vital. La inmigración abarca un proceso de adaptación bio-psico-social y ambiental. Aún no se analiza la identidad del inmigrante como una categoría fenomenológica universal.

(5) Cohorte: análisis transversal de un cambio en el curso de una historia.

ABORDAJE SOCIOLOGICO ACTUAL

Socialmente se lo percibe al inmigrante como un sujeto extraño al lugar. Que debería adaptarse a la nueva realidad, modificando su cosmovisión. La realidad muestra que el más apto es aquel quien mejor se mimetice con la nueva cultura. Sus códigos culturales (modo de analizar, responder, lenguaje, costumbres de su país de origen) deben ser inhibidos para lograr identificarse en la nueva cosmovisión general actual. Pero a pesar de todo su esfuerzo, subjetivamente el inmigrante se identifica como un forastero, extraño. Este paradigma proviene de las ciencias matemáticas, el constructo de identidad, se define como: la igualdad algebraica que se verifica siempre, cualquiera que sea el valor de las variables.

De este constructo deriva otro concepto: idempotente: $a \cdot a = a'$

Dicho elemento de un conjunto, que tiene la propiedad de que al multiplicarse por sí mismo, vuelve a obtener el mismo elemento. A saber, siguiendo el silogismo, un emigrante aunque se adapte exitosamente a la nueva sociedad, siempre mantendrá su identidad de extranjero. Por lo tanto, todos los abordajes de ayuda sociológica estarán enfocadas a integrarlo a una nueva cosmovisión que es la cultura actual, logrando que se adapte a la nueva realidad.

Los límites abruptos de este abordaje es la nulidad que se le da a la cultura natural del inmigrante. No proponen ningún continuo vital, sino una ruptura transcultural. Se da la importancia a la adaptación fenomenológica y no a los cambios de los procesos internos que se requieren en la adaptación.

PSICOLOGIA CULTURAL: una mirada estructural (Sausure)

Los que padecen un cambio psicológico por efecto migratorio, se caracterizan por un proceso de cambio interior hacia una identidad común. Es una alteración de la vivencia de la propia historia personal, en el que se preserva la unidad, conciencia, identidad y personalidad de la persona. Con un nivel de adaptación social y laboral óptimo a las exigencias socioculturales. Para poder abordar el cambio psicológico es preciso comprender la hianza de afección. Lo que caracteriza a la identidad del inmigrante son los significantes culturales que lo identifican como tal. Se produce una ruptura en su modo de enlazar sus propios significantes (códigos, costumbres, habla...) con los de la nueva cultura. La identidad es la representación de aspectos emotivos, cognitivos, perceptivos, asociativos y memorísticos de una persona. El sujeto en el exterior se vuelve un representante de una cultura. A través de un lenguaje propio, enlaza los hechos y sentidos dentro de una cosmovisión socio-afectiva. Se produce una vivencia de desconexión, un sentimiento subjetivo de vacío, extrañeza de su propia individualidad. Es un quiebre transversal de su historia vital. La hianza o agujero, entre su historia de la identidad natural y la adaptación migratoria. El efecto es una fractura del enlace afectivo cuya representación es la desorientación temporal y espacial "ni de aquí ni de allí". Sin embargo a nivel funcional continúa en el proceso de una buena adaptación laboral e integración social pero solo a nivel exterior. En el discurso del inmigrante, su historia, su memoria está sobre cargadas, por este motivo el nuevo abordaje psicológico significa poder lograr un equilibrio de integración interior y exterior. Restableciendo el enlace con su historia vital. Es un nuevo enfoque de intervención desde lo empático, grupal, buscando un sentido universal de todos los significantes culturales particulares. Trabajando desde este punto de partida personal (significantes culturales), hacia un nuevo significado universal (crosss-country o intercultural).

Trabajando desde el discurso del lenguaje, poder transformar toda su productividad en un significado que le permita, conectar sus vivencias con el sentimiento de continuidad. Sentirse identificados con otros, transmitiendo a otros su experiencia, historia, decepciones, alegrías, desafíos y logros, ayuda a la mente a restablecer la conexión con el camino recorrido. Haciendo hincapié en la valentía, fortaleza y trascendencia de sí mismo. Creando una imagen positiva, reparadora y nueva de la identidad del inmigrante. Dejando atrás la vulnerabilidad y el vacío que puede sentir un ser humano en tierra extraña.

CAPITULO SEPTIMO

CONCLUSION

CONCLUSION

Hemos llegado al final del recorrido propuesto, si bien hay muchos temas que no se han desarrollado debido a que simplemente se ha querido hacer una mirada general y amplia de los cambios emocionales que atraviesa un inmigrante. La peculiaridad de este libro, es la selección que se ha realizado para describir al inmigrante. La investigación no ha contemplado situaciones traumáticas por catástrofes o de refugiados. Consideramos que al inmigrante sin patología no se le había dado la oportunidad de conocerle.

La inmigración es un fenómeno universal de todos los tiempos, ya en épocas bíblicas las personas emigraban, buscando mejorar sus condiciones. En esta decisión, la incertidumbre a lo desconocido, conlleva un equipaje común a todos. Dentro del equipaje no puede faltar: la fortaleza mental, la valentía y la esperanza. Sin importar los retos, obstáculos con que uno pueda enfrentarse.

En algún momento de este viaje, la fortaleza declina, y surgen los miedos, la soledad, el vacío de estar lejos, y sobre todo aprender nuevos recursos, son parte del proceso.

Atravesar un campo nuevo, no necesariamente requiere abandonar la historia pasada, ni ocultar el camino recorrido. Tampoco es necesario desplegarlo, ni darlo a conocer sin cuestión alguna. Por el contrario, la madurez del inmigrante se basa en saber de dónde viene, conocer el nuevo terreno y saber aprovechar los recursos internos, para ampliar su cosmovisión, creando y generando nuevos lazos de integración intercultural.

La identidad del inmigrante es esa huella compartida en el camino del exilio. Y con sonrisa amplia uno puede decir, ya también soy de aquí.

Un regalo al corazón de todos los que acompañan al inmigrante:

El viaje de Itaca, de Homero

Cuando emprendas tu viaje hacia "no sé dónde," debes rogar que el viaje sea largo, lleno de peripecias, lleno de experiencias.

No has de temer ni a los lestriogones ni a los cíclopes, ni la cólera del airado Poseidón. Nunca tales monstruos hallarás en tu ruta si tu pensamiento es elevado, si una exquisita emoción penetra en tu alma y en tu cuerpo. Los lestrigones y los cíclopes y el feroz Poseidón no podrán encontrarte si tú no los llevas dentro, en tu alma. Si tu alma no los conjura ante ti.

Debes rogar que el viaje sea largo, que sean muchos los días de verano, que te vean arribar con gozo, alegremente, a puertos que tú antes ignorabas. Que puedas detenerte en los mercados de Fenicia y comprar bellas mercancías. Acude a muchas ciudades del Egipto para aprender de quienes saben.

Conserva siempre en tu alma la idea de "no sé dónde", llegar allí, he aquí tu destino. Más no hagas con prisas tu camino; mejor será que dure muchos años y que llegues ya viejo, al pequeño lugar, rico de cuanto habrás ganado en el camino.

No has de esperar que "no sé dónde" te enriquezca: ese lugar te ha concedido ya un hermoso viaje. Sin él, jamás habrías partido. Más no tiene cosa que ofrecerte.

Y si la encuentras pobre, "no sé dónde", no te ha engañado. Y siendo ya tan viejo, con tanta experiencia, sin duda sabrás ya qué significa "No Sé Dónde".

Obras completas de Homero de Konstantinos Kavafis (1863-1933). No sé dónde, se ha modificado por la palabra Ïtaca

AGRADECIMIENTOS:

A ti, que has cruzado un largo camino, has atravesado ríos y mares, que llevaste un equipaje cargado de cachivaches y que la mayoría no tienen ninguna utilidad. Pero tienes lo que todos tenemos, compartimos y hoy damos a conocer, que es nuestra identidad de ser inmigrantes, y nos damos a conocer por la ilusión y la esperanza de tener una vida mejor.

Gracias a todos los que han participado y han luchado por ser felices.

Una mención especial a Alejandro Aste Nardulli, por su apoyo y diseño. Y la colaboración de la investigación de S.P. Profesionales, consultora de Buenos Aires y a GESA S.A. Panamá.

Puedes comunicarte por email a teayudo@hotmail.es o en mi página web a teayudopsicologia.webnode.es

¡Gracias por adquirir mi libro!